AF240416

42

Lb 29.

ADRESSE
D'UN PROSCRIT
PAR LA CONVENTION,

A

L'ASSEMBLÉE LÉGISLATIVE.

Ce que vous avez fait, sera défait par d'autres.

Le 15 Novembre 1795, (style de l'Europe).

LE Gouvernement populaire m'a fait incendier én
Amérique, dépouiller en France, piller sous les scellés,
hors des scellés, séquestrer le reste de mes possessions;
il a ruiné ma femme, riche autre-fois, et ne lui laissant
que ce qu'il ne pouvait lui ôter, il l'a transférée de cachots
en cachots, privée des objets de première nécessité. Ce
Gouvernement a fait incarcérer ma famille entière, il a
causé la mort de mon père, ancien Militaire, Vieillard
respectable, que sa vie pieuse et retirée mettrait à l'abri
d'être soupçonné de *Contre - Révolutionnaire* ou *Conspi-
rateur* !.. Ce *Gouvernement* m'a fait dénoncer moi-même
par des hommes comblés de mes bienfaits, par d'autres
qui ne me connaissent pas, et dernièrement par un é-
crivailleur nommé MÉHÉE, dont la feuille arrive sans

abonnement, mais afin de débiter avec plus de facilité ses inepties et ses coupables mensonges. Ce digne compagnon du Citoyen RÉAL s'exprime ainsi dans son *Journal des Patriotes de 89, le 17 Fructidor* en 3e. ou le 12 Septembre 1795: « Des Patriotes de MANTES,
» (ce sont deux Jacobins chassés de l'Assemblée pri-
» maire, l'un d'eux s'était surnommé *la Terreur* et
» l'autre *Nul - s'y - frotte*), reclament contre un faux
» consigné dans un Arrêté de *leur Assemblée Primaire.*
» Il est dit que l'Assemblée a ordonné, à l'unanimité,
» l'impression du Discours du Comte de BARRUEL-
» BEAUVERT; la vérité est qu'il y a eu une opposition
» telle *qu'on en est venu aux mains*; et l'un des Citoyens
» (*Nul - s'y - frotte*, auparavant le *Roy*) qui s'y op-
» posaient, porte sur lui les preuves honorables (*des*
» *soufflets*), de la résistance (*des corps mous*) qu'il a
» opposée (*en courant*) aux Chouans, (*c'est - à - dire,*
» *aux meilleurs Habitans, à la très - grande majorité*)
» de cette Commune. « etc. etc.

Ce MÉHÉE qui confond les *Terroristes* avec les *Roya-*
listes, prétend *qu'un seul Citoyen étant chassé d'une As-*
semblée primaire, on ne doit avoir aucun égard au vœu de
cette Assemblée! .. Mais ce Citoyen étant reconnu Ter-
roriste, Buveur de sang, faut - il souffrir qu'il prenne
part à la délibération ? .. Dans ce cas, pourquoi, du
tems que les *Jacobins* exerçaient leur empire, excluaient-
ils de ces mêmes Assemblées tous ceux qui n'étaient pas
Jacobins, et sous prétexte qu'ils étaient *Royalistes*, les
incarcéraient - ils, les assassinaient- ils, eux et leurs
parens? .. Il y a donc une différence entre les *Royalistes*

et les *Terroristes*! Je sais bien qu'ils s'appellent mutuellement des *Brigands*, mais je ne reconnais pour tels que ceux qui volent et non point qui sont volés; non point ceux qui sont assassinés, mais ceux qui assassinent; laissons là le Citoyen *Méhée* et son Journal.

Dans ces derniers tems d'orage, à travers le Tumulte des Assemblées primaires, j'ai fait entendre les terribles accens de la vérité; ils ont pénétré dans le sein de l'honneur et de la vertu gémissants, inconnus, sous le poids de la calomnie et de l'opprobre. Mes Discours à Mantes, ont été imprimés, malgré les *Patriotes de 89*, par l'ordre unanime du Peuple, ensuite reimprimés dans d'autres Communes et répandus avec un succès qui (on aura beau dire) n'est point celui du crime et doit être flatteur.

Je n'avais pas voté le changement du *gouvernement*, j'en avais la liberté, j'en avais le pouvoir, j'en avais le droit, ... mais je m'étais opposé de toutes mes facultés morales à la réélection de *cinq cens Membres de la Convention*, parceque la Convention étant du choix des *Jacobins*, de ces êtres destructeurs; immoraux et féroces, l'intérêt public, l'intérêt particulier et ma conscience l'exigeaient ainsi!

Je fus nommé Electeur du Département de *Seine - et - Oise*. Beaucoup de personnes de mérite m'écrivirent que le vœu de leur Canton m'appellait à la Représentation Nationale, et j'avoue que sans *les cinq cens* de la Convention, j'aurais vivement senti la gloire d'être à portée de rétablir, ailleurs que sur le papier, l'abondance, la paix et le bonheur. — Pendant que j'étais bercé de ces douces chimères, pendant que mon cœur exalté par l'ambition de faire du bien promenait mon esprit sur les réalités les plus consolantes; un Décret *révolutionnaire* mit *hors de la Loi*, c'est-à-dire mit sous le poignard des Jacobins, quiconque irait de la part des Assemblées primaires, porter des paroles d'alliance aux Sections de la *ci-devant* Capitale du Royaume!.. Néanmoins, mes Concitoyens me proclamèrent Commissaire, et, sous le Décret *d'urgence*, je partis le 18 Septembre, je vins à *Paris* remplir ma mission. Tous les Journaux, libres, alors, mais non pas assez pour répéter avec *Tacite*, sous l'Empereur TRAJAN: *Siécle heureux, où il est permis de penser ce qu'on veut, et de dire ce qu'on pense!* Les Journaux qui n'étaient pas à la solde du *Gouvernement*, parlèrent avec enthousiasme *de mon courage et de mon dévouement à la cause des anciens propriétaires et des honnêtes gens;* mais mon triomphe ne dura pas. Je fus menacé sourdement: *les Assemblées primaires de Paris*, me prirent sous leur sauve-garde. Plusieurs Mandataires du Peuple me recommandèrent de donner des nouvelles de mon retour auprès de mes Concitoyens et Commettans: ils ajoûtèrent que s'ils n'en recevaient pas avant trois jours, on viendrait me reclamer à la Convention. J'arrivai tranquillement à MANTES avec le Collégue qu'on m'avait associé; j'écrivis sur-le-champ à *Paris*, comme je l'avais promis, et je le devais. Les Commissaires de *Dreux*, sur lesquels nous avions eu l'initiative, furent moins heureux! On les fit arrêter à leur retour. Les têtes commençaient à s'allumer dans les

Assemblées primaires des Départemens. Celles qui avaient accédé aux Décrets des 5 et 13 *Fructidor* qui ordonnaient la réélection *des cinq cens*, se rétractaient publiquement. Les Sections de *Paris* ne mollissaient pas, mais temporisaient afin de recueillir les avis des principales Communes de la *République*. La Convention, voulant absolument proroger son règne, accorda une *Amnistie* à tous ceux qui, dans les Assemblées primaires, avaient opiné d'une manière contraire à ses vues; cette Amnistie, si elle est *franche* et *loyale*, je la reclame. J'ai besoin d'une grace et non point d'un pardon.

Les Sections de *Paris* opposant à la réélection des *cinq cens* une vigoureuse résistance *en Motions*, la Convention les jugea *Rebelles*, et les gagna de vitesse dans l'exécution du Jugement qu'elle rendit contre elles, en fesant entrer dans la ville des Soldats, la plupart *Belges* et de tous pays, qui campaient sous ses murs, et qui n'hésiterent pas, malgré la fraternité jurée, de tirer les canons chargés à mitraille contre les Sectionnaires armés seulement de sabres et de fusils.

C'est par ces redoutables *Argumens* que la Convention, à la veille d'être renouvellée en entier, et restreinte par le Peuple à l'Administration du *Pouvoir Exécutif*, ressaisit les Pouvoirs prêts à lui échapper.

Qu'un Empire soit possédé par un Usurpateur ou par un légitime propriétaire, le Particulier qui est attaché par la Glebe au Gouvernement, doit se conformer aux Lois quelconques de son pays, s'il est libre d'en sortir avec l'équivalent de sa fortune, et lorsqu'il ne peut enfreindre ces Lois sans produire le bien général : mais si ces Lois ne maintiennent ni sa sûreté individuelle, ni celle de ses propriétés, si elles y attentent sous prétexte de *suspicion*, *d'émigration*, du desir de *contre-révolution*, etc., à moins de se déclarer Tyran, quel est le Pouvoir qui empêchera ce Particulier (son Contract avec la Nation est déchiré) de vendre ses Possessions, et d'en transporter le produit, avec sa personne, dans les lieux où, sans efforts de sa part, sans contrainte de la part du *gouvernement*, il trouvera des Lois douces et qui lui assureront un azile tranquille et heureux ?..

Néanmmoins, la partie de la Convention qui domine, dans *l'Assemblée législative*, par une suite de l'habitude d'improviser des Décrets, de les annuler, de les récréer, de les détruire encore, et d'en promulguer de contradictoires, d'impraticables, a permis nouvellement à tous les Citoyens qui, mécontens des vexations, des tourmens qu'ils ont essuyés, ou qu'ils éprouvent encore, de se choisir une autre Patrie, de sortir de la *République Française, une, indivisible et impérissable*; mais *sans emporter du Numéraire effectif, ni aucuns Métaux, ni lettres de change, ni marchandises !* . . . . qui ne voit le ridicule barbare d'une semblable *permission* ? Il me semble entendre les chants d'allégresse des Cannibales qui s'apprêtent à dévorer la proye humaine.

Je resterai donc dans mon pays ; ce pays qui n'est plus ma Patrie ; où, sans avoir démérité de mes Concitoyens, je n'ai pas de réfuge assuré parmi eux ; où malgré l'*Amnistie*, je suis poursuivi, je suis proscrit ; (*a*) j'observerai les Lois de mon pays, ses Lois qui m'ont fait tant de mal, ses lois que je dois abhorrer. N'étant pas assez *Philosophe* pour m'accoutumer au dénuement de *Bias*, je ne veux point, abandonnant ma famille,

---

(*a*) Le samedi 12 octobre, un mois après ma dénonciation dans le *Journal des Patriotes de 1789*, les Électeurs sont convoqués pour ouvrir leurs séances. Nous nous rendons à *Versailles*. Le même soir nous apprenons que l'infame *Charles-Lacroix*, Député de la Convention, fait arrêter tous les hommes qui ont quelques idées et le talent de les exprimer, s'ils ne sont point dans le sens de la *réélection* !.. On parle de moi, sans me connaître, et en ma présence. On prétend qu'il existe un *mandat d'arrêt* contre moi. Mes Compatriotes veulent que je cherche mon salut dans la fuite : je leur résiste, je leur déclare que je paraîtrai à la séance du lendemain ; que je prétends dessiller les yeux du peuple qu'on égare !... Le lendemain arrivé ; je fais ma toilette de bonne heure, j'étais prêt de sortir, lorsque quatre de mes Collègues entrent dans mon appartement et avec le zèle de l'amitié, me reparlent des dangers qui me menacent. Je reste calme, imperturbable dans mon dessein. Une Femme d'une figure douce et honnête, avec un cœur de tigre, paraît et me demande en me montrant un petit morceau de papier sur lequel je vois mon nom inscrit : *Ce Citoyen est-il ici ?* plusieurs de mes Collègues me dirent en même-tems : *C'est la Femme du Commandant de la Gendarmerie de Mantes !*. (1) Je compris leur intention ; ce qui ne m'empêcha pas de répondre au cœur de *Révolution* : c'est moi que vous cherchez, que me voulez-vous ? Cette créature feignit d'avoir appris que son mari m'avait prié de lui remettre une lettre, quoique *cette préférence* eut lieu de la surprendre : elle sortit. Quelques minutes après, des Gendarmes vinrent pour m'arrêter. Mes Confrères assurèrent que je sortais à l'instant : les Gendarmes firent ailleurs leurs perquisitions ; et je suis obligé de chercher un azile ! Et le Château de..., qui n'est occupé que par des Personnes intéressantes échappées aux massacres innombrables de *Carrier*, est bientôt après souillé par la présence, les propos, les menaces, les recherches inquisitoriales des Gendarmes, Sbirres, Happe-chair, et Valets de Bourreaux !!!

Quel est le Représentant du peuple, quel est l'Homme qui, n'ayant point perdu tout sentiment d'honneur, de justice, de vertu, ne s'enflammera pas de colère et d'indignation ?...,

Quel est celui qui ne reportera pas à tant d'horreurs les seuls motifs d'Emigration ?....

A 4

voyager ni me fixer comme lui ! A quoi me servirait ailleurs tout le papier-monnaie dont je pourrais au hazard me pourvoir ? à rien.

En France, pas loin de *Paris*, aujourd'hui, 15 novembre 95, une paire de Souliers coûte, en assignats, *six cens livres* ; un Chapeau, 1,500 liv. ; un Habit de drap, tout uni, *sept et huit mille francs*, suivant la qualité de l'étoffe ; le Pain devenu très-rare, à l'approche de l'hiver, coûte déjà 25 et 30 francs la livre, tandis que les députés ont une immense provision de grains sans débourser la moindre chose ! le Vin se vend 25 francs la pinte, encore est-il mauvais ; la Viande de boucherie, 30 francs la livre ; le Sel, 30 francs la livre ; le Sucre, *deux cent cinquante* ; le Beurre *quatre-vingt dix* ; la Chandelle, *quatre-vingt dix* ; les Haricots, *quinze cens francs le boisseau*, pesant environ 46 liv. ; la Corde ou demi Charretée de Bois à brûler, *dix-huit cens francs*; un Cheval, *quatre-vingt et cent mille francs*; une paire de Bottes *deux mille cinq cens livres*; le Blanchissage d'une chemise, *dix livres*, plus, etc.

Cette désolante progression de la cherté des denrées, des choses indispensables, et de l'avilissement de la seule monnaie avec laquelle on peut se les procurer, loin de diminuer, ne fera que s'accroître, jusques à ce que les assignats soient rendus à leur valeur première, celle d'un carré de papier. Le Jacobin, l'ex-Constitutionnel *Cambon* chercherait en vain à justifier ses opérations financières et criminelles, à nous entretenir dans les feuilles périodiques de ses vertus (comme *Péthion*, *Robespierre*,

Vadier, etc.), à nous redonner de nouveaux plans de
finances, avec la même fureur que certain juge d'une co-
médie mettoit à juger par-tout où il se trouvait je crierai
aux dupes des charlatans et des fripons : LA BANQUEROUTE
EST LA QUI NOUS ATTEND.

MAIS dira-t-on, *payez en numéraire, vous aurez abon-
damment et à bon marché, tout ce qui vous est utile.* Ce
serait ajoûter la dérision à la perfidie ! Qui est-ce qui a
du numéraire, si ce n'est les Conventionnels, les Jacobins en chef & les Agioteurs ? Mes Fermiers me paient-
ils mon revenu, réduit de jour en jour, avec une autre
monnaie que le papier, qui tombe peu-à-peu à sa valeur
intrinseque ? Peut-on faire un Commerce qui procure,
d'une manière honnéte, des ressources pour vivre hono-
rablement, du moins avec aisance ? Imiterai-je ces *Héros*
de la Révolution qui, sans pudeur, vendent leurs propos,
leurs actions ? Chercherai-je à vendre ma plume, comme
ces Journalistes survivans à quelques Gens-de-Lettres,
très-distingués, qui auraient rougi, si l'on avoit osé
leur proposer de l'argent pour imprimer, de tems à
autre, que les Puissances de l'Europe, coalisées contre
notre République, viendront demander, à genoux, la
paix à notre gouvernement ; que, dans les combats
qu'elles nous livrent, *nous perdons rarement plus du petit
doigt d'un homme* ; que ces Puissances, dont on imprime
affirmativement, officiellement les discours et les projets
les plus secrets, n'ont point l'intention, en combattant,
de replacer sur le Trône la dynastie des *Bourbon*, (que
les Républicains Français nomment toujours du sobri-
quet de *Capet* !) mais de se diviser notre territoire,

déchiré , malheureux , au point de songer qu'*il importe peu d'appartenir à tel ou tel Maître , lorsqu'on ne saurait perdre au changement ?* Enfin , à qui persuadera-t-on que les Puissances qui s'empareraient de la France extermineraient, non-seulement les Constitutionnels , auteurs de la mort de LOUIS XVI , de la Reine , de leur fils , de Madame ELISABETH , mais encore *tous les Citoyens* qui sont attachés à la *Constitution Républicaine ?* Cependant , ceux qui ont fait périr les chefs de la Famille Royale ; beaucoup d'autres qui n'ont aucune part à leur mort, répandent ces bruits, dénués de fondemens ; ils n'y croyent point ! ! ! Personne n'y croit ! ! ! Je répeterai donc ce mot connu au théâtre : *Tout le monde est dans le secret ! qui trompe-t-on ici ?*

Que les étrangers ont lieu de s'égayer lorsque l'écrit périodique et gagé d'un méprisable folliculaire leur tombe sous la main , et qu'ils le voyent légérement à travers les becs émousssés de sa plume envoyer à *la postérité qui les contemple* , les Perruquiers *Généraux* , les Colporteurs *Financiers* , les Cardeurs de laine , les Peintres , les Romanciers , *Législateurs* ; prendre à témoin les générations présentes et futures que tant d'illustres personnages depuis 1789 , ont plus opéré de *prodiges* , chacun en particulier , que tous les grands hommes dont les noms et les exploits ont été transmis par l'Histoire !

PUBLICISTES fameux ! Vous vous plaignez de la *Vendée* , et vous la faites disparaître d'un seul mot , d'un seul trait de plume ! .. A la vérité les Vendéens reparaîssent comme les têtes de l'Hidre : les mots que vous prononcez n'ont pas assez de magie ; les traits que vous lancez sur eux ne sont pas les flèches d'Hercule ! Voulez-vous que je vous parle avec franchise sur le *monstre politique* ? Ne vous emporterez-vous pas contre moi ?.. Hé bien ! les *Vendéens* et les *Chouans* ne sont pas uniquement dans la *Bretagne*, le *Poitou*, l'*Anjou*, le *Maine*, la basse *Normandie*, l'*Orléanais*, ils sont par-tout où le Gouvernement a fait des malheureux ; ils sont rassemblés ou disséminés sur la surface entière du territoire Français ; ils sont même au-delà ; et l'on n'a pas plutôt déporté ou noyé, fusillé, guillotiné un mécontent, dans quelqu'état qu'il soit né, que ses parens, ses amis, ses voisins prennent intérieurement la résolution de le venger, ou du moins d'employer tous les moyens pour se préserver eux-mêmes de la tyrannie ! Législateurs évitéz un CORIOLAN. Là Nature et la Politique ont un langage qui vous semble toujours différent, c'est parce que les sophismes de l'abbé Sieyes, toujours derrière le rideau vous empêchent de le comprendre... Vous aurez beau vous tourmenter pour sauver des membres gangrenés ; vous aurez beau employer les adoucissans et les caustiques, vous n'êtes ni médecins ni chirurgiens ; et pour terminer cette métaphore, vous n'avez de législateurs que le nom.

ROME, que vous prenez quelquefois pour exemple, sous *Tarquin le superbe*, l'an 244 de sa fondation, abolit la Royauté ; mais les Magistrats du Peuple, sous le titre modeste de *Consuls*, étaient de véritables Souverains ; les *Tribuns* devinrent des Souverains ; les *Décemvirs*, furent des Souverains ; les *Triumvirs* furent tellement *Souverains* que *Cézar* se rendit matre de la *République*

& que depuis *Auguste* jusques à *Constantin* , qui voulut établir deux Capitales dans son Empire , il ne cessa d'y avoir des Empereurs.

N'ALLEZ pas m'accuser de provoquer le rétablissement de la Royauté , ni l'avilissement de la législature ! Vous pouvez me perdre sans abuser de ces moyens usés sous *Robespierre* ; mais songez que vous êtes forts & que je suis faible ; que vous avez de l'argent , des soldats , de l'autorité , & que je suis ruiné , *par le Gouvernement* ; que je suis injustement persécuté , qu'il ne me reste plus un seul domestique pour me servir dans ma détresse.

Dans la retraite où , pour n'être pas plus long-tems à charge à des amis pleins d'attentions et de délicatesse , j'attends impatiemment la révocation du *Mandat d'Arrêt* lancé contre moi , un ouvrage de politique *The Travels Cyrus* , Les Voyages de Cyrus , me sont offerts. J'y trouve avec satisfaction tout ce qui manque à la *Cyropédie de Xenophon* ; c'est-à-dire les évènemens les plus remarquables de la vie de *Cyrus* , depuis sa seizieme jusques à sa quarantième année. Je vais en extraire quelques morceaux. Transportons-nous à *Athènes* : écoutons *Solon* instruisant *Cyrus.*

A la place des Rois , les Athéniens créerent des Gouverneurs perpétuels (ce qui étoit la même chose) , sous le nom d'*Archontes.* Pour anéantir jusques à l'ombre de la Royauté , ils établirent des Archontes *decennaux* , ou renouvellés tous les dix ans ; ils ne voulurent enfin que des Archontes annuels. Les factions , les brigues et les

cabales , renaissaient tous les jours. Chacun venait , le
livre des Loix à la main , disputer du sens de ces Loix.
Les génies les plus brillans sont ordinairement les moins
solides ; ils croient que tout est dû à leurs talens super-
ficiels ; sous prétexte que les hommes naissent égaux ,
ils cherchent à confondre les rangs , et ne prêchent cette
Egalité Chimérique que pour dominer eux-mêmes.

Le Conseil de l'*Aréopage* n'avoit plus d'autorité. Le
peuple , inquiet et volage s'en étoit emparé. Il jugeait
tout en dernier ressort ; mais ses décisions n'étaient pas
fixes , parce que *la multitude est toujours bizarre et in-
constante.* Tout irritait les présomptueux , tout soule-
vait les imprudens , tout armait les furieux , corrom-
pus par une liberté excessive. = Je sentis qu'un Etat ne
peut subsister sans subordination , je représentai au
Peuple les malheurs qu'il avait soufferts en l'abandonnant à ses propres fureurs. = Je fis punir sévèrement
ceux qui enseignaient que tous les hommes naissent
égaux , que le mérite seul doit régler les rangs , et que
le plus grand mérite est l'esprit. Je fis sentir les fu-
nestes suites de ces maximes. Je prouvai que cette Egalité
naturelle est une chimère fondée sur les Fables poë-
tiques des compagnons de *Cadmus* et des enfans de *Deu-
calion* ; que depuis le siècle d'or , l'ordre de la géné-
ration avait mis une dépendance et une inégalité nécessaires entre les hommes , et qu'enfin l'Empire Paternel
avait été le premier modèle de tous les Gouvernemens.
= Je fis une Loi par laquelle il fut arrêté que tout
homme qui n'avoit jamais donc d'autres preuves de son
esprit que les saillies vives de son imagination , des dis-

cours fleuris , et le talent de parler de tout , sans avoir jamais rien approfondi , serait incapable des charges publiques. ⸺ Le mérite distingue essentiellement les hommes , il devrait seul décider des rangs : mais l'ignorance et les passions nous empêchent souvent de le connaître. L'amour-propre fait que chacun se l'attribue. Ceux qui en ont le plus , sont toujours modestes et ne cherchent point à dominer. Les disputes , les discordes, les illusions seraient éternelles , s'il n'y avait pas quelque moyen plus fixe & moins équivoque de régler les rangs , que le mérite seul. ⸺ Dans les petites Républiques , les rangs se règlent par l'élection ; dans les grandes Monarchies , par la naissance. ⸺ J'avoue que c'est un mal d'accorder des dignités à ceux qui n'ont aucun vrai mérite ; mais c'est encore un mal nécessaire ; et cette nécessité est la source de presque tous les établissemens politiques. ⸺ Voilà la différence qu'il y a entre le *Droit Naturel* et le *Droit Civil* : l'un est toujours conforme à la plus parfaite justice ; l'autre , souvent injuste , dans les suites qui en résultent , devient pourtant inévitable, pour prévenir la confusion et le désordre. ⸺ Les rangs et les dignités ne sont que les ombres de la vraie grandeur ; le respect extérieur et les hommages qu'on leur rend , ne sont aussi que les ombres de cette estime qui n'appartient qu'à la Vertu seule. N'est-ce pas une grande sagesse , dans les premiers Législateurs , d'avoir conservé l'ordre de la société , en établissant des Loix par lesquelles, ceux qui n'ont que l'ombre des vertus se contentent de l'ombre de l'estime ?

Je vous conçois , dit *Cyrus* : La Souveraineté et

LES RANGS sont des maux nécessaires, pour contenir les passions. LES PETITS doivent se contenter de mériter l'estime *intérieure* des hommes, par leur vertu simple et modeste : LES GRANDS doivent se persuader qu'on ne leur accordera que les hommages *extérieurs*, à moins qu'ils n'aient le vrai mérite. Par-là, les uns ne s'aigriront point de leur bassesse, et les autres ne s'enorgueilleront pas de leur grandeur. *Les hommes sentiront qu'il faut des Rois, et les Rois n'oublieront point qu'ils sont des hommes:* Chacun se tiendra à sa place, et l'ordre dela Société ne sera point troublé.

UNE autre source des maux des Athéniens, reprend *Solon*, étoit la multiplicité des Loix : marque aussi évidente de la corruption d'un état que la diversité des remèdes en est une des maladies du corps.

Licurgue trouva dans ses Spartiates, un génie propre pour toutes les vertus héroïques ; je trouvai, dans les Athéniens, un penchant pour tous les vices qui rendent efféminé. J'ose dire que les loix de *Sparte*, en outrant les vertus les transforment en défaut : mes loix, au contraire tendent à rendre les faiblesses mêmes utiles à la Société. Voilà tout ce que peut la politique : elle ne change point les cœurs ; elle ne fait que mettre à profit les passions. — Cependant l'extrême inquiétude d'un peuple accoutumé à la licence, me causait tous les jours des importunités extrêmes. Les uns blâmaient mes Réglemens ; les autres feignaient de ne pas les entendre : quelques-uns voulaient y ajouter ; d'autres voulaient en retrancher. Je sentis alors l'inutilité des plus excellentes

Lois , quand on n'a pas une autorité fixe et stable pour les faire exécuter. Que le sort des mortels est malheureux ! En évitant les désordres affreux du *Gouvernement populaire* , on court risque de tomber dans l'esclavage : en fuyant les *inconvéniens de la Royauté* , on s'expose peu-à-peu à l'anarchie. De tous côtés le chemin politique est bordé de précipices... Je fus trouver PISISTRATE , je lui dis : Rendez les Athéniens soumis sans être esclaves ; réprimez leur licence, sans leur ôter la Liberté.... &c. &c , &c , &c.

Cyrus comprit , par le discours de *Solon* , les inconvéniens d'un Gouvernement Populaire , et sentit que le *despotisme de la multitude est encore plus insupportable que l'autorité absolue d'un seul.*

Faites *tout pour le Peuple* , et jamais *rien par lui.*

Post Scriptum. Nos Gazettes nous apprennent que M. *Monneron* , envoyé chargé de *Reliques* , est de retour d'Angleterre , où l'on prétend qu'il n'avait été que pour traiter de l'échange des prisonniers. Il est fâcheux que dans la même circonstance , un propagateur des principes des *Jacobins* ait attenté aux jours du Roi , et rappellé les Régicides qui , depuis la révolution française , ont assassiné le Roi de Suède et l'Empereur. Il faut espérer que le Négociateur *Beaumarchais* , resté à *Londres* , prouvera que ce crime et la dernière révolte pendant laquelle quelques enragés provoquaient la réforme de *la Constitution Anglaise* , n'ont aucun rapport avec notre gouvernement et ses émissaires.

Par le Défenseur Officieux du G.
DE BARRUEL-BEAUVERT.

A Paris, de l'Imprimerie des Patriotes opprimés, rue de Brie

9 782329 058726